APPEL DE LA CLASSE DE 1893

COMMENCEMENT DES OPÉRATIONS DU TIRAGE AU SORT.

INSTRUCTIONS

RELATIVES A

la Loi Militaire du 15 Juillet 1889

Dispositions générales.

Tout Français doit le service militaire personnel. (Art. 1.)

L'obligation du service militaire est égale pour tous. Elle a une durée de vingt-cinq années. (Art. 2.)

Tableaux de recensement et de tirage au sort.

Chaque année, pour la formation de la classe, les tableaux de recensement des jeunes gens ayant atteint l'âge de vingt ans révolus dans l'année précédente et domiciliés dans l'une des communes du canton sont dressés par les maires. (Art. 10.)

La loi oblige les parents ou tuteurs des jeunes gens de la classe appelée, quelle que soit la position de ces jeunes gens, à faire inscrire ceux qui sont absents ou empêchés (1).

Sous le régime de la loi du 27 juillet 1872, les omis se trouvaient reportés à une classe suivante, ce qui retardait simplement leur libération du service actif.

Désormais, aux termes de l'article 15 de la loi nouvelle, les jeunes gens omis seront inscrits sur les listes de recrutement de la première classe formée après la découverte de

---

(1) Nos jeunes frères doivent en instruire leurs parents.

l'omission, à moins qu'ils n'aient plus de quarante-cinq ans, et leur libération définitive pourra être retardée jusqu'à quarante-huit ans.

De plus, les noms des individus qui se trouveront dans ce cas seront inscrits en tête de la liste du tirage et les premiers numéros leur seront attribués de droit.

D'après l'article 108 du Code civil, le mineur non émancipé a son domicile légal chez ses père, mère ou tuteur, et l'article 13 de la nouvelle loi établit que les jeunes gens, même émancipés, engagés, établis au dehors, expatriés ou absents, sont considérés comme légalement domiciliés dans le canton, si, d'ailleurs, leur père, leur mère ou leur tuteur est domicilié dans une des communes du canton.

Les jeunes gens résidant soit en Algérie, soit aux colonies, et dont la famille est domiciliée en France, sont inscrits sur les tableaux de recensement du lieu de leur résidence. Sur la justification de cette inscription, ils sont rayés des tableaux de recensement où ils auraient pu être portés en France, par application de l'article 13. (Art. 13.)

La loi du 26 juin 1889 sur la nationalité a modifié comme suit l'article 8 du Code civil :

Sont Français :

1° Tout individu né d'un Français en France ou à l'étranger ;

2° Tout individu né en France de parents inconnus ou dont la nationalité est inconnue ;

3° Tout individu né en France d'un étranger qui lui-même y est né ;

4° Tout individu né en France d'un étranger et qui, à l'époque de sa majorité, est domicilié en France, à moins que, dans l'année qui suit sa majorité, telle qu'elle est réglée par la loi française, il n'ait décliné la qualité de Français et prouvé qu'il a conservé la nationalité de ses parents par une attestation en due forme de son gouvernement, laquelle demeurera annexée à la déclaration, et qu'il n'ait en outre produit, s'il y a lieu, un certificat constatant qu'il a répondu à l'appel sous les drapeaux, conformément à la loi militaire de son pays, sauf les exceptions prévues aux traités ;

5° Les étrangers naturalisés.

Les individus nés en France d'étrangers et résidant en

France sont également portés, dans les communes où ils sont domiciliés, sur les tableaux de recensement de la classe dont la formation suit l'époque de leur majorité telle qu'elle est fixée par la loi française.

Ils peuvent réclamer contre leur inscription, lors de l'examen du tableau de recensement et lors de leur convocation au conseil de révision. S'ils ne réclament pas, le tirage au sort équivaudra pour eux à la déclaration prévue par l'article 9 du Code civil. S'ils se font rayer, ils seront immédiatement déchus du bénéfice dudit article.

Les mêmes dispositions sont applicables aux individus résidant en France et nés en pays étranger, soit d'un étranger qui depuis lors a été naturalisé Français, soit d'un Français ayant perdu la qualité de Français, mais qui l'a recouvrée ultérieurement, si ces individus étaient mineurs lorsque leurs parents ont acquis ou recouvré la nationalité française. (Art. 11.)

Les individus devenus Français par voie de naturalisation, réintégration, ou déclaration faite conformément aux lois, sont portés sur les tableaux de recensement de la première classe formée après leur changement de nationalité.

Les individus inscrits sur les tableaux de recensement, en vertu du présent article et de l'article précédent, ne sont assujettis qu'aux obligations de service de la classe à laquelle ils appartiennent par leur âge. (Art. 12.)

L'examen des tableaux de recensement et le tirage au sort sont faits au chef-lieu de canton, en séance publique, devant le Sous-Préfet assisté des Maires du canton. (Art. 16.) Pour les absents, le numéro est tiré par les parents ou, à leur défaut, par le Maire de la commune. (Art. 17.)

Conseil de révision.

Le conseil de révision se transporte dans les divers cantons.

Les jeunes gens portés sur les tableaux de recensement sont convoqués, examinés et entendus par le conseil de révision, au lieu désigné.

S'ils ne se rendent pas à la convocation, s'ils ne s'y font pas représenter, ou s'ils n'ont pas obtenu un délai, il est procédé comme s'ils étaient présents. (Art. 19.)

Conseil de révision du lieu de la résidence.

Les Frères compris dans la classe de 1893, qui croiront pouvoir faire valoir le *seul* cas d'exemption (infirmités graves) énoncé à l'art. 20 de la loi sur le recrutement de l'armée, doivent, *le jour même* du tirage au sort, faire prier le Maire de leur commune, par l'intermédiaire de leurs parents (*ou* de leurs tuteurs), de leur obtenir de M. le Préfet l'autorisation de se présenter au Conseil de révision, dans le lieu même où ils résident en ce moment.

Voici la formule de la lettre qu'ils pourront écrire à cet effet :

A Monsieur le Maire d   (1).
Monsieur le Maire,

J'ai l'honneur de vous exposer que je suis compris dans la classe de 1893, et que, ayant des droits à l'exemption, je me propose de les faire valoir devant le Conseil de révision. Or, comme l'emploi que j'exerce ne me permet pas de me rendre devant le Conseil qui se tiendra dans mon canton, je viens vous prier, Monsieur le Maire, de me faire autoriser, par

---

(1) Nom de la ville ou de la commune où le Frère a été inscrit pour le tirage.

Monsieur le Préfet, à passer devant celui qui se tiendra
à (1)   , département d
dans lequel je réside actuellement, ou bien au chef-lieu de
canton le plus rapproché.

Dans l'espoir d'obtenir, par votre bienveillant intermédiaire,
l'effet de ma demande, je suis avec un profond respect,

Monsieur le Maire,

Votre très humble et obéissant serviteur,

N.

dit Frère N,

des Ecoles chrétiennes.

A   , *le*   189 .

N. B. La copie de cette lettre devra être envoyée aux parents, qui
auront soin de la remettre à M. le Maire, le *jour même* du tirage au
sort.

Si, avant l'ouverture des opérations du Conseil de révision, on n'avait pas reçu avis que la demande a été
accueillie, on devrait la considérer comme rejetée.

Le Conseil de révision de la résidence ne fait qu'émettre
un avis qui servira, sans doute, à éclairer le Conseil de
révision du domicile, mais que ce dernier n'est pas tenu
de suivre pour sa décision.

Service militaire.

Tout Français reconnu propre au service militaire fait
partie successivement :

De l'armée active pendant trois ans ;

De la réserve de l'armée active pendant dix ans ;

De l'armée territoriale pendant six ans ;

De la réserve de l'armée territoriale pendant six ans.
(Art. 37 modifié.)

---

(1) Nom de la ville ou du chef-lieu de canton.

Service actif. — Au point de vue du service actif, les jeunes gens du prochain tirage (classe de 1893) se subdiviseront en trois groupes principaux :

1° Les jeunes gens soumis à un service de trois ans ;

2° Les dispensés au service d'un an ;

3° Les exemptés ou dispensés d'une manière complète.

Service de trois ans.

L'armée active comprend tous les jeunes gens déclarés propres au service militaire et faisant partie des trois dernières classes. (Art. 28.)

La durée du service actif ne pourra être interrompue par des congés, sauf le cas de maladie ou de convalescence, ou en exécution des articles 21, 22 et 23 (cas de dispense) de la présente loi. (Art. 43.)

Service d'un an.

Dispenses prévues par l'article 21.

En temps de paix, après un an de présence sous les drapeaux, sont renvoyés en congé dans leurs foyers, sur leur demande, jusqu'à la date de leur passage dans la réserve :

1° L'aîné d'orphelins de père et de mère, ou l'aîné d'orphelins de mère dont le père est légalement déclaré absent ou interdit ;

2° Le fils unique ou l'aîné des fils, ou, à défaut de son fils ou de gendre, le petit-fils unique ou l'aîné des petits-fils d'une femme actuellement veuve, ou d'une femme dont le mari a été légalement déclaré absent ou interdit, ou d'un père aveugle, ou entré dans sa soixante-dixième année ;

3° Le fils unique ou l'aîné des fils d'une famille de sept enfants au moins ;

Dans les cas prévus par les trois paragraphes précédents, le frère puîné jouira de la dispense, si le frère aîné est aveugle ou atteint de toute autre infirmité incurable qui le rend impotent ;

4° Le plus âgé des deux frères inscrits la même année sur les listes du recrutement cantonal ou faisant partie du même appel ;

5° Celui dont un frère sera présent sous les drapeaux, au moment de l'appel de la classe, soit comme officier, soit comme appelé ou engagé volontaire pour trois ans au moins, soit comme rengagé, breveté ou commissionné après avoir accompli cette durée de service, soit enfin comme inscrit maritime levé d'office, levé sur sa demande, maintenu ou réadmis au service, quelle que soit la classe de recrutement à laquelle il appartienne.

Ces dispositions sont applicables aux frères des officiers mariniers des équipages de la flotte appartenant à l'inscription maritime et servant en qualité d'officiers maritimes du cadre de la maistrance.

Les dispositions des paragraphes 4 et 5 doivent toujours être appliquées de manière à ce que, sur deux frères se suivant à moins de trois années d'intervalle, et reconnus tous deux aptes au service, l'un des des deux ne fasse qu'une année en temps de paix.

Si ces deux frères servent comme appelés, le dispensé qui en fera la demande ne sera incorporé qu'après l'expiration du temps obligatoire de service de l'autre frère;

6° Celui dont le frère sera mort en activité de service ou aura été réformé ou admis à la retraite pour blessures reçues dans un service commandé ou pour infirmités contractées dans les armées de terre ou de mer.

La dispense accordée conformément aux paragraphes 5 et 6 ci-dessus ne sera appliquée qu'à un seul frère pour un même cas; mais elle se répétera dans la même famille autant de fois que les mêmes droits s'y reproduiront.

Les demandes, accompagnées de documents authentiques justifiant de la situation des intéressés, sont adressées avant le tirage au sort au maire de la commune où les jeunes gens sont domiciliés. Il leur en sera donné récipissé.

L'appelé ou l'engagé qui, postérieurement, soit à la décision du conseil de révision, soit à son incorporation, entre dans l'une des catégories prévues ci-dessus, est, sur sa demande, et dès qu'il compte uu an de présence au corps, envoyé en congé dans ses foyers jusqu'à la date de son passage dans la réserve.

Le jeune homme omis, qui ne s'est pas présenté ou fait représenter par ses ayants-cause devant le conseil de révision, ne peut être admis au bénéfice des dispenses indiquées par le présent article, si les motifs de ces dispenses ne sont survenus que postérieurement à la décision du conseil.

Le présent article n'est applicable qu'aux enfants légitimes. Les enfants naturels reconnus par le père ou par la mère ne pourront jouir que de la dispense organisée par l'article suivant et dans les conditions prévues par cet article. (Art. 21 modifié par la loi du 8 novembre.)

Chaque année, après l'achèvement des opérations du recrutement, le Ministre de la Guerre fixe sur la liste du tirage au sort de chaque canton et proportionnellement, en commençant par les numéros les plus élevés, le nombre d'hommes qui séront envoyés dans leurs foyers en disponibilité, après leur première année de service. Ces jeunes soldats resteront néanmoins à la disposition du Ministre qui pourra les conserver sous les drapeaux ou les rappeler, si leur conduite et leur instruction laissent à désirer, ou si l'effectif budgétaire le permet. (Art. 39.)

Autres dispenses. — Le nombre d'hommes entretenus sous les drapeaux est, en cas d'excédent, ramené à l'effectif déterminé par les lois au moyen du renvoi dans leurs foyers, après une année de service, des hommes dont les numéros de tirage précèdent immédiatement ceux qui ont été déjà désignés pour la disponibilité aux termes de l'article 39. (Art. 46.)

Les Français et naturalisés Français résidant en Algérie ou dans l'une des colonies, autres que la Guadeloupe, la Martinique, la Guyane et la Réunion, sont incorporés dans les corps stationnés soit en Algérie, soit aux colonies, et, après une année de présence effective sous les drapeaux, ils sont envoyés dans la disponibilité, s'ils ont satisfait aux conditions de conduite et d'instruction militaire déterminées par le Ministre de la Guerre.

Si un Français ou naturalisé Français, ayant bénéficié de ces dispositions, transportait son établissement en France avant l'âge de trente ans accomplis, il devrait compléter, dans un des corps de la Métropole, le temps de service dans l'armée active prescrit par l'art. 37 de la présente loi, sans toutefois pouvoir être retenu sous les drapeaux au-delà de l'âge de trente ans. (Art. 81.)

Formalités à remplir en vue des dispenses prévues par l'article 21.

Les jeunes Frères de la classe de 1893 qui ont des titres aux diverses dispenses prévues par l'article 21 de la loi et qui se proposent d'en réclamer le bénéfice, ne doivent pas perdre de vue l'obligation imposée par ladite loi aux intéressés, de déposer entre les mains du Maire de la commune, *et avant le tirage au sort,* leur demande accompagnée des pièces justificatives.

Voir le bordereau de ces pièces, pages 20, 21, 22 et 23.

Dans la pratique, les Maires se chargent volontiers, sur la demande des familles, de procurer ou d'établir les pièces utiles aux intéressés; mais il est bien entendu que l'intervention de l'autorité en cette circonstance est purement officieuse, et n'engage en aucune façon sa responsabilité au sujet des erreurs, des irrégularités ou des retards qui pourraient avoir lieu.

En toute hypothèse, les jeunes Frères qui se proposent de bénéficier d'une de ces dispenses, devront recommander à leurs parents de faire toutes les démarches nécessaires auprès du Maire de leur commune, à l'effet d'obtenir que leur dossier complet soit constitué avant le tirage au sort. (Art. 21 et 22.)

Remarque relative à la cessation des dispenses : Quand les causes de dispense prévues à l'article 21 viennent à cesser, les jeunes gens qui avaient obtenu cette dispense sont soumis à toutes les obligations de la classe à laquelle ils appartiennent.

Les jeunes gens dispensés en vertu de l'art. 23 (engagement décennal) qui cesseraient de remplir leur engagement, seraient tenus d'accomplir les deux années de service dont ils auraient été dispensés.

Les jeunes gens dispensés en vertu de l'art. 50 qui viendraient se fixer en France, avant l'âge de trente ans, devraient accomplir le service actif prescrit par la loi.

Remarque générale : En cas de guerre, tous les dispensés, à quelque titre que ce soit (art. 21, 22, 23 et 50), sont appelés et marchent avec les hommes de leur classe.

En temps de paix, les jeunes gens dispensés en vertu de l'art. 21 sont soumis à des exercices périodiques auxquels ils doivent se rendre très exactement, à moins qu'ils n'en aient été formellement dispensés par le général commandant le corps d'armée auquel ils appartiennent; mais nous devons faire remarquer que cette dispense n'est d'ordinaire accordée qu'aux instituteurs publics.

DISPENSE résultant de l'engagement décennal souscrit au titre des Écoles françaises d'Orient et d'Afrique (article 23).

(Réduction du service à un an.)

Les jeunes Frères de la classe de 1893 qui désireront bénéficier de cette dispense devront tout d'abord demander, par l'intermédiaire de nos Chers Frères Visiteurs, l'agrément du Supérieur Général, car le nombre des engagements à admettre sera nécessairement subordonné à celui des emplois existants, ou en prévision.

S'ils obtiennent une réponse favorable, ils se conformeront très exactement aux indications suivantes :

1. A la réception des présentes instructions, ils écriront d'abord sur papier libre, d'une grandeur à peu près égale à celle de la feuille de papier timbré, de l'engagement décennal, une demande de dispense conforme à la présente formule :

MODÈLE de la demande de dispense à déposer par les jeunes gens qui se trouvent dans les situations déterminées par l'article 23 de la loi du 15 juillet 1889.

Je soussigné (nom et prénoms),
né le   18   , à (commune)   , canton
d   département d
domicilié à (domicile des parents ou du tuteur)   , résidant
à (commune où réside le signataire)   , fils d (nom du père),
et d (nom de la mère)   , domiciliés à (domicile des parents),

canton d   , département d   , appelé
par la loi du 15 juillet 1889 sur le recrutement de l'armée
à concourir au tirage au sort de la classe d
                    dans le canton d
département d   , demande à bénéficier de la
dispense prévue par l'article 23 de ladite loi et dépose à
l'appui de cette demande la pièce ci-jointe : Arrêté d'acceptation de mon engagement décennal.

Fait à (commune où réside le signataire), le   18

(Signature légalisée.)

2. Ils écriront ensuite leur engagement décennal sur le
recto d'une feuille de papier timbré de 0 fr. 60 c., suivant
la formule ci-après, ayant soin de reproduire avec la plus
rigoureuse exactitude et avec la même orthographe, leurs
nom et prénoms, dans l'ordre où ils se trouvent sur leur
acte de naissance, qu'ils doivent avoir alors sous les
yeux (1).

Le Ministère des Affaires étrangères demande qu'une *copie sur
papier libre* de cet engagement soit jointe à l'original.

3. Ils laisseront sur la feuille de papier timbré une
marge égale au diamètre du timbre, afin de ne pas s'exposer à écrire sur le *recto* du timbre même, ce qui est
défendu, par la loi, sous peine d'amende considérable.

MODÈLE d'engagement décennal au titre des écoles
françaises d'Orient et d'Afrique subventionnées par le
Gouvernement français.

Je soussigné (nom de famille et prénoms), né le   18 .
à (commune)   canton d   , département

---

(1) Il est important que les Frères, avant d'écrire leur engagement,
lisent cet acte de naissance bien attentivement *et en entier*, parce que
d'ordinaire, la date de la naissance se trouve dans le corps de l'acte,
et non à la première ligne.

d   , domicilié à (commune du domicile des parents ou du tuteur), résidant à (commune où réside le signataire), fils de (nom et prénoms du père) et de (nom et prénoms de la mère), domiciliés à (commune du domicile des parents), canton d département d   , membre (*ou* novice) de l'Institut des Frères des Ecoles chrétiennes, établissement reconnu d'utilité publique par le décret du 17 mars 1808, appelé par la loi du 15 juillet 1889 sur le recrutement de l'armée à concourir au tirage au sort de la classe d   dans le canton d   , département d   , déclare contracter devant M. le Ministre des Affaires étrangères, conformément à l'article 23 de la loi précitée, l'engagement de me vouer pendant dix ans à l'enseignement dans les écoles françaises d'Orient et d'Afrique subventionnées par le Gouvernement fraução.

Fait à (commune et département où l'on réside).

le   18

Si le contractant est *âgé de moins de 20 ans,* porter ici la mention *Autorisé.*

(*Signature des père, mère ou tuteur.*)

(*Signature.*)

(Nom de famille avec paraphe, précédé des initiales du ou des prénoms.)

4. Ils feront légaliser la signature de leur demande sur papier libre et de leur engagement sur papier timbré, par le Maire de la Ville ou de la commune où ils résident actuellement (1).

S'il s'est glissé quelque erreur ou quelque omission dans la rédaction de leur engagement, ils la rectifieront, à la marge, par un renvoi, comme il est indiqué ci-après,

____

(1) Il est essentiel que la signature du Maire soit accompagnée du sceau de la Mairie.

et contresigneront cette rectification par les initiales de leurs nom et prénoms, avec paraphe. Les ratures non approuvées sont expressément interdites, ainsi que les grattages.

Exemple d'omission.

Jean-Baptiste Leblanc, né à Die, le 27 août 1891.

Département de la
    Drôme.
        J.-B. L.

Exemple de correction.

(Dubost Jean-Baptiste)
~~(Dubost Jean-Baptiste)~~

Je dis : Dubost (Jacques-Jean).
      J.-J. D.

5. S'ils sont *âgés de moins de vingt ans révolus*, au moment de la signature de leur engagement, ils porteront sur cette pièce, à l'endroit indiqué dans le modèle, la mention *Autorisé*, et enverront tout de suite cet engagement à leurs parents, pour qu'ils le signent à leur tour et qu'ils fassent légaliser leur signature par le Maire de la ville ou de la commune qu'ils habitent. A cet envoi, sera jointe une lettre conforme au modèle suivant :

FORMULE DE LETTRE

POUR DEMANDER AUX PARENTS L'AUTORISATION NÉCESSAIRE A LA VALIDITÉ DE L'ENGAGEMENT DÉCENNAL.

    A   , *le*   1894.
    M

Je vous envoie, ci-incluse, la formule de l'engagement que

j'ai contracté pour être dispensé d'une partie du service militaire. Ayez la bonté de signer cette pièce au-dessous du mot *Autorisé*, et de faire légaliser votre signature par M. le Maire; après quoi, vous me la renverrez *dans le plus court délai possible*, car il faut que je la transmette au plus tôt à mes supérieurs.

Remarquez bien que cette formalité ne vous dispense pas de me faire inscrire sur la liste du tirage; mais, *en me faisant inscrire*, vous aurez soin d'y faire mentionner mon droit à la dispense, comme *ayant contracté l'engagement décennal*.

Je suis, etc.

6. Les contractants âgés de moins de vingt ans révolus au moment de la signature de leur engagement et dont les parents ne sauraient pas signer, leur écriront une lettre conforme au modèle ci-après :

FORMULE DE LETTRE

POUR DEMANDER A DES PARENTS ILLETRÉS L'AUTORISATION
NÉCESSAIRE A LA VALIDITÉ EE L'ENGAGEMENT DÉCENNAL.

A , le 1894.

M

Je m'empresse de vous prévenir qu'il est indispensable que vous donniez votre autorisation à l'engagement que j'ai contracté pour être dispensé d'une partie du service militaire. Or, comme vous ne savez pas signer, il faudra que vous ayez la bonté de vous présenter chez M. le Maire de votre commune, accompagné de deux témoins, pour déclarer que vous donnez votre consentement à mon Engagement décennal, dans la forme indiquée sur la pièce que je vous envoie.

Après que les signatures des témoins auront été légalisées par M. le Maire, vous me renverrez cette pièce, *dans le plus court délai possible*, parce que je suis obligé de la transmettre au plus tôt à mes supérieurs.

Cette formalité ne vous dispense pas de me faire inscrire sur la liste du tirage ; vous aurez soin d'y faire mentionner mon droit à la dispense, comme *ayant contracté l'engagement décennal.*

Je suis, etc.

7. Lorsque les parents (*ou* les tuteurs) auront renvoyé, dûment légalisée, la pièce contenant l'Engagement décennal revêtu de l'autorisation, le Frère Directeur y joindra la copie de cet engagement sur papier libre, la demande de dispense et l'*Acte de naissance* du contractant (1) ; puis le tout, mis sous bandes croisées, avec l'indication : *Papiers d'affaires* (2), devra être adressé *immédiatement* au cher Frère Secrétaire Général de notre Institut, à Paris.

---

(1) L'envoi de l'acte de naissance est de rigueur.

Pièces non assujetties au timbre. — Les certificats, les extraits d'actes de l'état-civil (actes de naissances), et généralement toutes les pièces que les jeunes gens ont à produire, soit pour leur inscription sur les tableaux de recensement, soit pour la justification devant les conseils de révision de leurs droits à la dispense, *sont affranchis du droit de timbre*, et doivent, en outre, *être délivrés sans frais*. Afin de prévenir toute difficulté en ce qui concerne la légalisation des extraits d'actes de l'état civil, il a été arrêté, de concert entre les départements de la Justice et de la Guerre, que les préfets et sous-préfets légaliseraient ces extraits. — Les fonctionnaires qui délivrent, visent et légalisent lesdites pièces, veillent à ce que l'emploi spécial qui doit en être fait y soit expressément mentionné. (Circulaire du Ministre de la Guerre, 4 décembre 1889.)

(2) Le port pour ces sortes d'envois n'est que de 5 centimes, pourvu que le poids ne dépasse pas 50 grammes ; de 50 à 100 grammes, le port est de 10 cent., et ainsi de suite, en augmentant de 5 centimes par 50 grammes ou fraction de 50 grammes. Nos chers Frères Directeurs sont priés de remarquer que le paquet ne doit contenir *aucune lettre ni billet*, et il convient qu'il ne soit pas jeté à la boîte, comme les lettres ordinaires ; mais qu'il soit remis à la personne qui tient le bureau.

8. Conformément à l'art. 9 du décret du 23 novembre 1889, les engagements décennaux seront présentés par le Supérieur Général de l'Institut à l'acceptation de M. le Ministre des Affaires étrangères.

9. Les Arrêtés d'acceptation, rendus par M. le Ministre des Affaires étrangères, seront expédiés par l'administration de l'Institut à MM. les Préfets des départements ou résident les parents des contractants ; avis de cet envoi sera donné aux Frères Directeurs et aux familles.

10. Il est très important que nos chers Frères Directeurs fassent connaître, d'une manière exacte, le lieu où les contractants sont inscrits pour le tirage, quand ceux-ci ne sont pas inscrits au domicile de leurs parents (*ou* de leurs tuteurs), afin d'éviter toute erreur dans l'envoi des pièces à MM. les Préfets.

Exemption ou dispense complète.

Sont exemptés par le Conseil de révision, siégeant au chef-lieu de canton, les jeunes gens que leurs infirmités rendent impropres à tout service actif ou auxiliaire. (Art. 20.)

DISPENSE complète prévue par l'art. 50.

En temps de paix, les jeunes gens qui, avant l'âge de 19 ans révolus, ont établi leur résidence à l'étranger, hors d'Europe, et qui y occuperont une situation régulière, pourront, sur l'avis du Consul de France, être dispensés du service militaire pendant la durée de leur séjour à l'étranger. Ils devront justifier de leur situation chaque année. (Art. 50.)

Pendant la durée de leur établissement à l'étranger, ils pourront séjourner accidentellement en France pourvu que leur séjour n'excède pas trois mois, et sous la réserve d'aviser le Consul de leur absence.

S'ils rentrent en France avant l'âge de trente ans, ils devront accomplir le service actif prescrit par la présente loi, sans toutefois pouvoir être retenus sous les drapeaux au-delà de l'âge de trente ans. Ils sont ensuite soumis à toutes les obligations de la classe à laquelle ils appartiennent.

S'ils rentrent après l'âge de trente ans, ils ne seront soumis qu'aux obligations de leur classe. (Art. 50.)

Pour bénéficier de la dispense complète concédée par cet article, les jeunes gens doivent donc avoir fixé leur résidence hors d'Europe et y occuper une situation régulière avant l'âge de dix-neuf ans révolus.

Les jeunes Frères de la classe de 1893 qui, déjà fixés à l'étranger, réunissent les conditions susdites, devront solliciter de M. le Consul de France le certificat prévu par l'article 50 dont le modèle se trouve à la page 19 de ces instructions:

Cette pièce sera ensuite adressée par les soins de M. le Consul à M. le Ministre des Affaires étrangères qui la transmettra au Préfet du département dans lequel les contractants auront concouru au tirage.

Ces formalités doivent nécessairement être remplies avant la tenue du Conseil de révision. Il convient de n'apporter aucun retard dans leur accomplissement.

N.-B. Faire connaître au Secrétariat Général la date et la délivrance du certificat et celle de l'envoi au Ministère des Affaires étrangères. — On indiquera également la commune, le canton et le département de tirage au sort de l'intéressé.

FORMULE de la lettre que les Frères placés dans la situation prévue par l'article 50 pourront adresser à leurs parents, au sujet de leur inscription sur la liste du tirage au sort.

$$X....., le \qquad 189 .$$

Mes chers parents,

Le moment approche où, conformément aux prescriptions de la loi militaire, il va être procédé dans toutes les communes de France au recensement annuel en vue du *tirage au sort*. Désormais l'inscription sur les listes du recrutement doit être réclamée par les jeunes gens de la classe eux-mêmes, et, à leur défaut, par leurs parents ou leurs tuteurs.

Je vous prie, en conséquence, mes chers parents, de vous rendre immédiatement auprès de M. le Maire pour la déclaration qui me concerne. Mais, *en me faisant inscrire* sur la liste du tirage, vous aurez soin d'y faire mentionner mon droit à la *dispense en vertu de l'article* 50 de la loi, comme occupant une situation régulière à l'étranger.

M. le Ministre des Affaires étrangères fera parvenir en temps utile à M. le Préfet un certificat délivré en ma faveur par M. le Consul et dûment légalisé.

Je suis, etc.

REPUBLIQUE FRANÇAISE

CERTIFICAT pour établir le droit à la dispense prévue par l'article 50 de la loi sur le recrutement.

Nous soussigné, consul de France à
Sur la demande qui nous en a été faite par l'intéressé, et sur l'attestation des sieurs (1)

(1) Noms, prénoms et profession des trois témoins présentés par le titulaire du certificat. (Ces témoins devront être des Français, établis au siège du consulat, ou, à défaut, de notables commerçants).

(2) Noms et prénoms du jeune homme.

(3) Spécifier ici, avec détails, l'industrie, la profession ou l'emploi du jeune homme.

Certifions que le sieur (2)   , né le
          , à   , canton d   ,
département d   , fils d   ,
et d   , domiciliés à   ,
canton de   , département d   ,
appelé par la loi du 15 juillet 1889 à concourir au tirage au sort de la classe de   dans le canton de   , département d   .
1° A établi sa résidence à   , le   18   ,
et n'a point cessé d'y résider depuis lors ;
2° Qu'il occupe actuellement (3)

En conséquence, nous estimons qu'il se trouve dans les conditions exigées pour obtenir la dispense prévue par l'article 50 de la loi précitée, et nous avons signé, avec le réclamant et les trois témoins sus-dénommés, la présente pièce.

Fait à   , le   18   .

(Signatures du réclamant et des trois témoins.)

(Signature du Consul.)

Vu :
Pour légalisation de la signature de
M.   , consul de France
à

Le Ministre des Affaires étrangères

BORDEREAU des pièces à produire au conseil de révision pour les jeunes gens qui se trouvent dans un des cas de dispense prévus par les articles 21 et 50 de la loi du 15 juillet 1889 sur le recrutement de l'armée (1).

INDICATION DES CAS DE DISPENSE prévus par l'art. 21 de la loi	INDICATION DES PIÈCES A PRODUIRE
§ 1er DE L'ARTICLE 21. Aîné d'orphelins de père et de mère, ou aîné d'orphelins de mère, dont le père est légalement déclaré absent ou interdit..........................	Acte de mariage des père et mère. Actes de décès des père et mère. Certificat de trois pères de famille, approuvé par le maire, visé par le sous-préfet, et conforme au mod. A ci-annexé (1). En cas d'absence ou d'interdiction du père, remplacer l'acte de décès de ce dernier par une copie du jugement déclarant l'absence ou prononçant l'interdiction, et remplacer le certificat modèle A par le certificat de trois pères de famille, modèle B.
§ 2 DE L'ARTICLE 21. Fils unique ou aîné des fils d'une femme actuellement veuve....	Acte de mariage des père et mère. Acte de décès du père. Certificat de trois pères de famille, modèle C.
Petit-fils unique ou aîné des petits-fils d'une femme actuellement veuve..................	Acte de mariage des aïeuls. Acte de mariage des père et mère. Actes de décès des père et mère. Acte de décès de l'aïeul. Certificat de trois pères de famille, modèle D.
Fils unique ou aîné des fils d'une femme dont le mari est légalement déclaré absent ou interdit	Acte de mariage des père et mère. Copie du jugement déclarant l'absence et prononçant l'interdiction. Certificat de trois pères de famille, modèle E.

(1) Annexé à l'instruction du Ministre de la Guerre relative aux opérations préliminaires de l'appel des classes. Ce document se trouve entre les mains des Maires dans toutes les communes.

INDICATION DES CAS DE DISPENSE prévus par l'art. 21 de la loi	INDICATION DES PIÈCES A PRODUIRE
Petit-fils unique ou aîné des petits-fils d'une femme dont le mari est légalement déclaré absent ou interdit.............	Acte de mariage des aïeuls. Acte de mariage des père et mère. Actes de décès des père et mère. Copie du jugement déclarant l'absence ou prononçant l'interdiction. Certificat de trois pères de famille, modèle F.
Fils unique ou aîné des fils d'un père aveugle.................	Acte de mariage des père et mère. Certificat de trois pères de famille, modèle G.
Petit-fils unique ou aîné des petits-fils d'un grand-père aveugle.	Acte de mariage des aïeuls. Acte de mariage des père et mère. Actes de décès des père et mère. Certificat de trois pères de famille, modèle H (1).
Fils unique ou aîné des fils d'un père entré dans sa 70e année.	Acte de mariage des père et mère. Acte de naissance du père. Certificat de trois pères de famille, modèle I.
Petit-fils unique ou aîné des petits-fils d'un grand-père entré dans sa 70e année............	Acte de mariage des père et mère. Actes de décès des père et mère. Acte de naissance de l'aïeul. Acte de mariage des aïeuls. Certificat de trois pères de famille, modèle J.
§ 3 DE L'ARTICLE 21. Fils unique ou aîné des fils d'une famille de sept enfants au moins.......................	Acte de mariage des père et mère. Actes de naissance des enfants. Certificat de trois pères de famille, modèle K.
5e ALINÉA DE L'ARTICLE 21. Puîné d'orphelins de père et de mère ou puîné d'orphelins de mère dont le père est légalement déclaré absent ou interdit (l'aîné des orphelins étant aveugle ou impotent).............	Acte de mariage des père et mère. Actes de décès des père et mère. Certificat de trois pères de famille, modèle L (2). En cas d'absence ou d'interdiction du père, remplacer l'acte de décès de ce dernier par une copie du jugement déclarant l'absence ou prononçant l'interdiction, et produire, au lieu du certificat modèle L, le certificat modèle M.

(1) Dans ce cas, le conseil de révision ne statue qu'après avoir constaté lui-même ou fait constater l'état physique du père aveugle.

(2) Dans ce cas, le conseil de révision ne statue qu'après avoir constaté lui-même ou fait constater l'état physique du frère.

INDICATION DES CAS DE DISPENSE prévus par l'art. 21 de la loi	INDICATION DES PIÈCES A PRODUIRE
Fils puîné d'une femme actuellement veuve (lorsque l'aîné des fils est aveugle ou impotent)...	Acte de mariage des père et mère. Acte de décès du père. Certificat de trois pères de famille, modèle N (1).
Petit-fils puîné d'une femme actuellement veuve (lorsque l'aîné des petit-fils est aveugle ou impotent)..................	Acte de mariage des père et mère. Actes de décès des père et mère. Acte de mariage des aïeuls. Acte de décès de l'aïeul. Certificat de trois pères de famille, modèle O (1).
Fils puîné d'une femme dont le mari est légalement déclaré absent ou interdit (lorsque l'aîné des fils est aveugle ou impotent).	Acte de mariage des père et mère. Copie du jugement déclarant l'absence ou prononçant l'interdiction. Certificat de trois pères de famille, modèle P (1).
Petit-fils puîné d'une femme dont le mari est légalement déclaré absent ou interdit (lorsque l'aîné des petits-fils est aveugle ou impotent)................	Acte de mariage des aïeuls. Copie du jugement déclarant l'absence ou prononçant l'interdiction. Acte de mariage des père et mère. Actes de décès des père et mère. Certificat de trois pères de famille, modèle Q (1).
Fils puîné d'un père aveugle ou entré dans sa 70e année (lorsque l'aîné des fils est lui-même aveugle ou impotent).........	Acte de mariage des père et mère. Acte de naissance du père. Certificat de trois pères de famille, modèle R (2).
Petit-fils puîné d'un grand-père aveugle ou entré dans sa 70e année (lorsque l'aîné des petits-fils est lui-même aveugle ou impotent)....................	Acte de mariage des aïeuls. Acte de mariage des père et mère. Actes de décès des père et mère. Acte de naissance de l'aïeul. Certificat de trois pères de famille, modèle S (3).
Puîné d'une famille de sept enfants au moins (lorsque l'aîné des fils est aveugle ou impotent)......................	Acte de mariage des père et mère. Actes de naissance des enfants. Certificat de trois pères de famille, modèle T (4).

(1) Dans ce cas, le conseil de révision ne statue qu'après avoir constaté lui-même ou fait constater l'état physique du frère.

(2) Le conseil de révision constate lui-même ou fait constater l'état physique du père aveugle, ainsi que celui du fils aîné.

(3) Le conseil de révision constate lui-même ou fait constater l'état physique de l'aïeul aveugle, ainsi que celui du petit-fils aîné.

(4) Dans ce cas, le conseil de révision ne statue qu'après avoir constaté lui-même ou fait constater l'état physique du frère.

INDICATION DES CAS DE DISPENSE prévus par l'art. 21 de la loi	INDICATION DES PIÈCES A PRODUIRE
§ 4 DE L'ARTICLE 21. Aîné de deux frères inscrits la même année sur les listes du recrutement cantonal........	Acte de mariage des père et mère. Actes de naissance des deux frères. Certificat de trois pères de famille, modèle U.
§ 5 DE L'ARTICLE 21. Jeune homme dont un frère sera présent sous les drapeaux au moment de l'appel de la classe, comme officier, appelé, engagé volontaire pour trois ans, rengagé, breveté ou commissionné après avoir accompli trois ans de service, inscrit maritime, levé d'office, levé sur sa demande, maintenu ou réadmis au service, quelle que soit la classe à laquelle il appartienne, officier marinier des équipages de la flotte....................	Acte de mariage des père et mère. Actes de naissance des deux frères. Certificat de trois pères de famille, modèle V. Certificat de présence, modèle W. (Si le frère est inscrit maritime, on produira, au lieu du certificat précédent, un certificat du commissaire de la marine, modèle X.)
§ 6 ET DERNIER DE L'ARTICLE 21. Frère d'un militaire mort en activité de service, ou réformé, ou admis à la retraite pour blessures reçues dans un service commandé, ou infirmités contractées dans les armées de terre et de mer.................	Acte de mariage des père et mère. Actes de naissance des deux frères. Certificat de trois pères de famille, modèle Y. (Indépendamment de ce certificat, le décès, les blessures, la réforme ou l'admission à la retraite du frère seront justifiés par l'acte de décès, ou le congé de réforme, ou le titre, ou la copie certifiée du titre de pension de ce frère, ou par tout autre document authentique faisant connaître les droits à la dispense.)
ARTICLE 50 DE LA LOI. Jeune homme fixé avant l'âge de 19 ans hors d'Europe et y occupant une situation régulière.	Acte de naissance du jeune homme. Certificat du Consul, légalisé par le Ministre des Affaires étrangères, modèle Z.

AVIS IMPORTANTS

Ajournés. — Les jeunes gens antérieurement ajournés sont astreints, à moins d'une autorisation spéciale, à comparaître à nouveau devant le Conseil de révision du canton devant lequel ils ont déjà comparu.

Ils peuvent faire valoir les motifs de dispense énoncés aux articles 21, 22 et 23.

Les droits à la dispense prévus au paragraphe numéroté 5° de l'art. 21 qui existaient au moment de l'ajournement peuvent être valablement invoqués l'année suivante, lors même que, pendant l'ajournement, le Frère du réclamant aurait cessé d'être sous les drapeaux. (Art. 27.)

Service auxiliaire. — Les Frères qui ont reçu un livret de l'autorité militaire et ont été classés dans des *Services auxiliaires*, vont se trouver dans l'obligation de se présenter, *munis de leur livret individuel,* à une revue d'appel qui doit avoir lieu au chef-lieu de canton de leur résidence, le jour où le Conseil de révision se réunira dans ce canton pour procéder à la formation de la classe de 1893.

Les jours et les heures de cette revue seront indiqués par des affiches spéciales dont il importera aux intéressés de prendre connaissance.

Livret militaire. — Toutes les fois que les Frères, possesseurs d'un livret, sont envoyés, d'une ville dans une autre, ils doivent, *à quelque classe qu'ils appartiennent,* se présenter munis de leur livret à la gendarmerie de la localité où ils sont appelés à résider, pour faire la déclaration régulière de leur changement de résidence.

Ceux qui ne se conformeraient pas aux prescriptions ci-dessus s'exposeraient à encourir une peine disciplinaire, aussi désagréable pour eux qu'onéreuse pour leur Communauté.

Appel des réservistes en 1893. — Les réservistes des classes 1883, 1886 et 1887 seront appelés pendant l'année à une réunion d'instruction.

En Algérie, les réservistes de toutes armes appartenant à la classe de 1888 seront également convoqués,

NOTE MINISTÉRIELLE

Relative à l'appel, en 1894, des hommes de la disponibilité de l'armée active de la classe de 1890 astreints à accomplir une période d'exercices; d'une partie des réservistes des classes de 1883, 1886, 1887, des réservistes territoriaux (classe 1873) qui doivent répondre en 1894 à une revue d'appel (art. 1er de la loi du 19 juillet 1892).

Paris, le 13 novembre 1893.

I. — HOMMES DE LA DISPONIBILITÉ DE L'ARMÉE ACTIVE ASTREINTS A ACCOMPLIR UNE PÉRIODE D'INSTRUCTION.

Seront convoqués en 1894, par ordres d'appel individuels, du 27 août au 23 septembre :

a) Les hommes visés par l'article 23 de la loi du 15 juillet 1889, appartenant à la classe 1890.

b) Les hommes visés par les articles 21 et 22 de la même loi, appartenant à la classe 1890, qui auront fait connaître, avant le 1er avril 1894, au général commandant la subdivision de région de leur domicile, leur intention de concourir ultérieurement pour l'obtention du grade de sous-lieutenant de réserve. (Règlement ministériel du 9 novembre 1890.)

Par mesure exceptionnelle, la convocation des hommes visés par l'article 23 pourra être avancée, si la date de convocation ci-dessus fixée est par trop préjudiciable aux études des jeunes gens convoqués, et, pour les étudiants ecclésiastiques, s'ils doivent être ordonnés dans l'année et avant cette date.

Des décisions spéciales des généraux commandant les corps d'armée autoriseront, pour chaque cas particulier, les devancements d'appel.

II. — RÉSERVISTES.

Infanterie.

Seront convoqués eu 1894 :

a) Par voie d'affiches, du 22 août au 23 septembre :

1º Les réservistes de la classe 1886 des régiments régionaux d'infanterie, sauf les exceptions indiquées ci-après; des régiments de tirailleurs algériens; du régiment des sapeurs-pompiers;

2º Les réservistes des classes 1883, 1886 et 1887, affectés aux régiments d'infanterie subdivisionnaires (bataillons 1, 2, 3 et sections hors rang); aux compagnies actives des bataillons de chasseurs à pied, sauf de ceux stationnés dans les 14ᵉ et 15ᵉ régions ; aux régiments de zouaves.

b) Par ordres d'appel individuels, du 27 août au 23 septembre :

Les réservistes des classes 1883, 1886 et 1887 affectés aux compagnies 1, 2 et 3 du dépôt des régiments subdivisionnaires des 1ᵉʳ, 3ᵉ, 4ᵉ, 5ᵉ, 9ᵉ, 10ᵉ, 11ᵉ, 12ᵉ, 13ᵉ, 17ᵉ et 18ᵉ corps d'armée.

c) Par ordres d'appel individuels, du 1ᵉʳ au 28 octobre :

1º Les réservistes de la classe 1886 affectés aux dépôts des régiments régionaux d'infanterie et ceux affectés aux dépôts des bataillons de chasseurs à pied des 14ᵉ et 15ᵉ régions ;

2º Les réservistes des classes 1883, 1886 et 1837 affectés aux compagnies 1, 2 et 3 du dépôt des régiments subdivisionnaires des 2ᵉ, 6ᵉ, 7ᵉ, 8ᵉ, 14ᵉ, 15ᵉ et 16ᵉ corps d'armée ; aux compagnies de dépôt nº 1 des bataillons de chasseurs à pied, sauf ceux stationnés dans les 14ᵉ et 15ᵉ régions.

d) Par ordres d'appel individuels établis par séries échelonnées, pendant la période de séjour dans la montagne des bataillons auxquels ils sont affectés, ou du 27 août au 23 septembre, suivant qu'en décideront les commandants des 14ᵉ et 15ᵉ corps :

Les réservistes de la classe 1886 des bataillons actifs de chasseurs à pied stationnés dans ces régions.

e) Par ordres d'appel individuels échelonnés du 9 avril au 28 octobre, au gré des généraux commandant les corps d'armée :

Les réservistes de la classe 1886 appartenant à quelques bataillons des régiments régionaux ; ces bataillons seront désignés par les généraux commandant les corps d'armée.

f) Par ordres d'appel individuels du 9 avril au 6 mai :

Les réservistes de la classe 1886 appartenant aux bataillons d'infanterie légère d'Afrique.

Ces hommes accompliront leur période d'instruction dans les deux régiments désignés à cet effet par chaque commandant de corps d'armée.

Cavalerie.

Seront appelés en trois séries et par ordres d'appel individuels :

Les réservistes de la classe 1886 appartenant soit aux régiments actifs, soit aux régiments de réserve.

Les trois séries seront convoquées aux dates ci-après :

1ʳᵉ série : du 15 janvier au 11 février ;

2ᵉ série : du 19 février au 18 mars ;

3ᵉ série : du 2 avril au 29 avril.

Artillerie et Train des équipages.

Seront appelés en 1894, et dans les conditions ci-après indiquées, les réservistes de la classe 1886, appartenant à l'arme de l'artillerie et au train des équipages :

Par ordres d'appel individuels, du 9 avril à la fin d'août, et suivant les instructions de détail données par les commandants de corps d'armée, les réservistes exercés appartenant aux régiments d'artillerie de corps et divisionnaires.

Par voie d'affiches, du 1er au 28 octobre :

1° Les réservistes des régiments d'artillerie du corps et divisionnaires qui n'auront pas été appelés par ordres d'appel individuels ;

2° Tous les réservistes des régiments de pontonniers.

Par voie d'affiches, du 27 août au 23 septembre, les réservistes des bataillons d'artillerie à pied.

Par ordres d'appel individuels, pendant tout le cours de l'année (art. 172 de l'instruction du 28 décembre 1879, les réservistes des compagnies d'ouvriers d'artillerie, des compagnies d'artificiers et des escadrons du train des équipages.

Génie.

Seront appelés en 1894, les réservistes des régiments du génie, appartenant à la classe 1886, savoir :

Par voie d'affiches, du 27 août au 23 septembre, les réservistes des bataillons de sapeurs-mineurs et des bataillons de chemins de fer.

Par voie d'affiches, du 1er au 28 octobre, les réservistes sapeurs-conducteurs des régiments du génie et du régiment de chemins de fer.

Seront appelés par ordres d'appel individuels, et pendant tout le cours de l'année (art. 172 de l'instruction du 28 décembre 1879), les réservistes sapeurs-mineurs affectés au service de la télégraphie optique et aux réseaux électriques des forteresses.

Sections de secrétaires, de commis et ouvriers d'administration, d'infirmiers. Gendarmerie.

Seront appelés en 1894, par ordre d'appel individuels échelonnés pendant tout le cours de l'année, les réservistes de la classe 1886 affectés :

Aux sections de secrétaires d'état-major et du recrutement, de commis et ouvriers d'administration, d'infirmiers ;

A la gendarmerie ;

Aux greffes des tribunaux militaires, à quelque arme qu'ils appartiennent ;

Enfin, les auxiliaires du service télégraphique.

Médecins auxiliaires.

Les médecins auxiliaires de réserve, appartenant aux classes appe-
lées en 1894 dans les corps auxquels ils sont affectés, seront convoqués
aux mêmes dates que les autres réservistes de ces corps et par ordres
individuels.

Services auxiliaires.

Seront convoqués en 1894, pour une revue d'appel, au moment de
la réunion du conseil de revision, les hommes des services auxiliaires
des classes 1891, 1883, 1878, 1873. Cette convocation sera faite par
les affiches fixant dans chaque département l'itinéraire du conseil de
revision.

Dans le département de la Seine, une affiche spéciale règlera cette
revue d'appel.

III. — ARMÉE TERRITORIALE.

Aucun homme de troupe de l'armée territoriale ne sera convoqué
en 1894.

Des instructions spéciales seront adressées pour régler les stages
d'instruction que devront accomplir en 1894, dans les corps de troupe
de l'armée active, les officiers de l'armée territoriale appartenant aux
unités qui auraient dû être normalement réunies cette même année.

IV. — RÉSERVE DE L'ARMÉE TERRITORIALE.

Seront convoqués, par voie d'affiches, à la revue d'appel qui leur
est imposée, les hommes de la réserve de l'armée territoriale de la
classe 1873.

Cette revue aura lieu au moment de la réunion du conseil de revision, en même temps et dans les mêmes conditions que la revue
d'appel des hommes des services auxiliaires.

Aux termes de la loi du 19 juillet 1892, la durée du déplacement
imposé aux hommes par cette revue ne doit pas excéder une journée.

V. — DISPOSITIONS GÉNÉRALES RELATIVES AUX APPELS.

Les hommes de toutes armes qui ont accompli intégralement cinq
années de service, par suite du renoncement au bénéfice du renvoi
anticipé de leur classe, soit comme engagés volontaires, soit comme
appelés sous le régime de la loi du 27 juillet 1872, sont considérés
comme ayant accompli, par anticipation, le premier des appels en

temps de paix auxquels ils sont astreints par la loi du 15 juillet 1889.

Dispenses. — Seront seuls dispensés de se rendre à l'appel :

1° Les hommes classés comme non disponibles ou ayant reçu l'affectation spéciale prévue par la note ministérielle du 20 mars 1891 ;

2° Les hommes qui auront obtenu, sur leur demande, une dispense à titre de soutien de famille, dans les conditions spécifiées à l'article 1er de la loi du 19 juillet 1892.

Leurs demandes devront être déposées vingt jours avant la date fixée pour l'appel.

Ajournements et devancements d'appels. — Dans tous les anciens cas de dispense prévus par l'instruction du 28 décembre 1879, il pourra être accordé des ajournements.

Les réservistes appartenant aux régiments d'infanterie de réserve (bataillons 4, 5, 6; dépôt : compagnies 4, 5, 6 ; aux bataillons de chasseurs à pied de réserve, et aux compagnies de dépôt, n° 2 de ces bataillons, qui ont été ajournés en 1893, seront ajournés une seconde fois en 1894, et leur convocation sera reportée à 1895, année de la convocation normale des réservistes de ces corps.

Tous les autres réservistes ajournés en 1893 accompliront leur période d'instruction en 1894, aux époques fixées pour les catégories auxquelles ils appartiennent.

Réformes. — Pour les hommes des services auxiliaires et les hommes de la réserve de l'armée territoriale, on devra profiter de la revue d'appel afin de statuer sur les cas de réforme que ces hommes peuvent présenter. La commission de réforme sera composée, pour juger ces cas particuliers, du commandant de recrutement, du sous-intendant militaire, d'un médecin, réunis sous la présidence du général commandant la subdivision ou de l'officier supérieur qui le remplace.

Lorsqu'une contre-visite sera jugée nécessaire, l'homme devra être convoqué devant la commission normale de réforme siégeant au chef-lieu de la subdivision.

VI. — ARMÉE DE MER.

Les dispositions relatives à l'appel des réservistes de l'armée de mer feront l'objet d'instructions spéciales.

VII. — DISPOSITIONS SPÉCIALES A L'ALGÉRIE ET A LA TUNISIE.

1° *Réservistes*. — Seront convoqués, en 1894, les réservistes de toutes armes du contingent algérien faisant partie de la classe 1889.

2° *Armée territoriale*. — Il n'y aura pas, en 1894, de convocation de l'armée territoriale en Algérie.

3° *Réserve de l'armée territoriale.* — Les dispositions du paragraphe 4 de la présente note sont applicables aux réservistes territoriaux de la classe 1873 du contingent algérien qui auront à répondre en 1894 à une revue d'appel au moment du conseil de revision. Seront également convoqués à cette revue d'appel les hommes des services auxiliaires des classes 1891, 1883, 1878, 1873.

Les dates et les conditions de la convocation des réservistes seront arrêtées :

Pour l'Algérie, par le général commandant le 19e corps d'armée, après entente avec M. le gouverneur général de l'Algérie ;

Pour la Tunisie, par le général commandant la brigade d'occupation, avec entente avec M. le résident général de France en Tunisie.

<h2 style="text-align:center">VIII. — AFFICHES.</h2>

Il ne sera pas apposé d'affiches pour la convocation des hommes appelés au printemps. La convocation de ces hommes se fera exclusivement par ordres d'appel individuels.

Par contre, deux mois avant le 27 août 1894, il sera placardé dans toutes les communes, et en nombre suffisant, une affiche concernant les hommes de la disponibilité et de la réserve de l'armée active qui doivent être appelés à l'automne suivant.

Cette affiche mentionnera que les réservistes qui pourraient avoir à présenter des demandes d'ajournement, de réforme, etc., devront adresser leur demande au commandant de recrutement par l'intermédiaire de la gendarmerie. Les demandes de dispense, à titre de soutien de famille, seront adressées au maire qui les transmettra au général commandant la subdivision. Celles-ci seront accompagnées du relevé des contributions, du certificat signé par trois pères de famille, enfin de l'avis du conseil municipal.

L'affiche devra spécifier en outre que les hommes qui auront été convoqués, par ordres d'appel individuels, avant la convocation normale de leur unité, n'auront naturellement pas à répondre aux convocations de ladite affiche.

En ce qui concerne les hommes des services auxiliaires et les réservistes territoriaux qui doivent répondre en 1894 à une revue d'appel, les généraux commandant les corps d'armée sont invités à s'entendre avec les préfets des départements pour que toutes les indications relatives à cette revue d'appel figurent dans les affiches fixant les itinéraires des conseils de revision.

Général LOIZILLON

NOTE COMPLÉMENTAIRE

RELATIVEMENT A

L'APPEL DES RÉSERVISTES EN 1894

Le général Loizillon, ministre de la guerre, vient d'adresser aux autorités compétentes la circulaire suivante qui intéresse d'une façon spéciale tous les hommes devant être convoqués, en 1894, pour une période d'instruction :

La note ministérielle du 13 novembre courant prescrit d'appeler par ordres individuels tous les réservistes convoqués au printemps et de ne plus apposer d'affiches à cette époque.

D'autre part, beaucoup d'hommes appelés à l'automne ne connaîtront la date à laquelle ils doivent rejoindre leur corps qu'au moment où les affiches relatives à leur convocation seront apposées, c'est-à-dire à la fin de juin ou au commencement de juillet. Il est probable qu'un grand nombre d'entre eux s'adresseront à la gendarmerie pour obtenir des renseignements.

Les comptes rendus adressés au ministre à la suite de l'appel de 1893 ont fait ressortir que la gendarmerie avait parfois fourni des indications inexactes aux intéressés.

Il importe essentiellement que la gendarmerie soit en mesure de donner des renseignements précis aux hommes. A cet effet, le ministre de la guerre a prescrit que chaque état-major de corps d'armée établirait un tableau faisant connaître pour chacun des corps de troupes stationnés dans sa région et pour ceux recevant des réservistes de ce territoire la date et le mode de convocation (affiches ou ordres d'appel) des hommes appelés en 1894.

Les indications de ce tableau devront être en concordance avec les inscriptions portées sur les livrets individuels.

On devra rappeler aux hommes qu'ils doivent toujours, et dans tous les cas, obéir à l'ordre d'appel qui peut leur être adressé, quelle que soit leur situation militaire.

Le tableau visé ci-dessus devra être adressé à toutes les brigades de gendarmerie de la région au commencement de janvier au plus tard.

VERSAILLES. — H. LEBON, IMPRIMEUR DE L'ÉVÊCHÉ, 17, RUE DU POTAGER

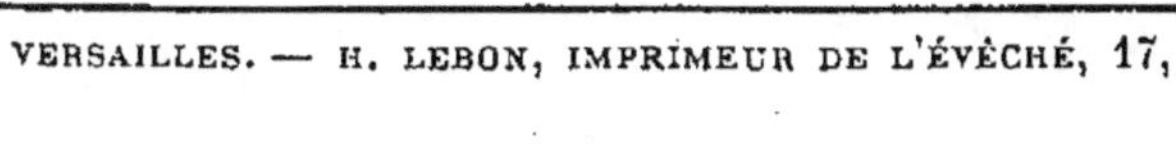